Introducción

El **Holocausto**, también llamado **Shoah**, **Shoa** o **Shoah** (en hebreo: השואה *Ha-Shoah*), fue la persecución y el genocidio sistemáticos de judíos por parte de los nazis y sus aliados antes y durante la Segunda Guerra Mundial. Durante la dominación de la Alemania nazi, fueron asesinados entre 5,1 y 6 millones de judíos europeos. La mayoría de los asesinatos tuvieron lugar en los campos de exterminio en cámaras de gas y en ejecuciones masivas de los Einsatzgruppen.

Contenidos

El término Holocausto

Etimología

La palabra *holocausto* significa "sacrificio quemado" y deriva del griego antiguo ὁλόκαυστον (*holokauston*), que significa literalmente "completamente quemado".

En la antigüedad, esta era una designación para una ofrenda quemada a una deidad. La palabra *holocausto* también existía en ese sentido en el holandés medio del siglo XIV, pero posteriormente cayó en desuso.

Cambio de significado y aplicación

Según el *Oxford English Dictionary,* la mención inglesa más antigua que se conoce de la palabra *holocausto* en el sentido de asesinato en masa se remonta a 1833, cuando el periodista escocés Leitch Ritchie, en una descripción de las guerras del rey medieval francés Luis VII, relató que éste "una vez hizo un holocausto de mil trescientas personas en una iglesia", un asesinato en masa por fuego de los habitantes de Vitry-le-François en 1142. A principios del siglo XX, antes de la Segunda Guerra Mundial, Winston Churchill y otros escritores contemporáneos lo utilizaron para referirse al Genocidio Armenio durante la Primera Guerra Mundial. Hay una referencia al Genocidio Armenio en el título del poema "El Holocausto" (publicado como folleto en 1922) y el libro *El Holocausto de Esmirna* (1923) trata de la quema y los asesinatos en masa de armenios.

La primera vez que la palabra "holocausto" se aplicó en inglés al genocidio nazi fue en 1942, pero no fue hasta la década de 1950 que los historiadores introdujeron el término histórico "the Holocaust" (con artículo definido y mayúscula).

En general, se cree que la serie de televisión estadounidense *Holocausto* (del director judío-estadounidense Gerald Green), emitida por primera vez en Estados Unidos del 16 al 19 de abril de 1978 y posteriormente también en numerosos países europeos, fue la principal contribución a la popularización del término en este sentido en la mayoría de los idiomas, incluido el neerlandés. Van Dales *Groot Woordenboek der Nederlandse Taal*, décima edición (1976), recoge en Holocausto sólo el significado de *holocausto*.

Otros términos

Como alternativa a Holocausto, el término *Shoah* (שואה =
desastre, *destrucción total)* es utilizado por los judíos en
particular. Por ello, la conmemoración anual se llama Yom
Hashuna.

Los propios dirigentes del NSDAP utilizaron el término
Endlösung der Judenfrage (*solución final de la cuestión
judía*), un término que existía desde el siglo XIX, pero que
sólo adquiriría el significado de "exterminio de los judíos
europeos" en el transcurso de 1941 y adquirió una forma
más definitiva con la Conferencia de Wannsee (20 de
enero de 1942).

Debate sobre el recuento de víctimas no judías

Además de unos 6 millones de judíos, los nazis también
asesinaron a otros 5 millones de personas. Los estudiosos
están divididos sobre si el término "Holocausto" debe
aplicarse a todas las víctimas de los asesinatos masivos
del nacionalsocialismo; algunos lo utilizan como sinónimo
de Shoah o Endlösung der Judenfrage, mientras que otros
(quieren) incluir el asesinato de romaníes y sintis (gitanos),
polacos y otros eslavos, la muerte de prisioneros de
7

guerra soviéticos, hombres homosexuales, testigos de Jehová, discapacitados, deficientes mentales y opositores políticos. Esto incluye la cuestión de si se debe considerar todo el periodo de 1933 a 1945 o sólo el periodo de guerra después de 1939 y especialmente de 1941.

- **Contra: El** historiador checo-israelí Yehuda Bauer argumenta que el Holocausto sólo debe referirse a los judíos porque los nazis habrían pretendido exterminar sólo a los judíos por completo y no a los demás grupos.

El recuento de las víctimas no judías de los nazis en el Holocausto es rechazado por varias figuras como el superviviente judío del Holocausto Elie Wiesel y organizaciones como Yad Vashem, una institución estatal israelí en Jerusalén creada en 1953 para conmemorar a las víctimas del Holocausto.

Según ellos, la palabra se refería originalmente al exterminio de los judíos y el Holocausto judío fue un crimen de tal envergadura, totalidad y especificidad y el clímax de una larga historia de antisemitismo europeo, que no debería colocarse en una categoría general con los demás crímenes de los nazis.

- **Pro: El** historiador británico Michael Burleigh y el historiador alemán Wolfgang Wippermann sostienen que, aunque todos los judíos fueron víctimas, el Holocausto trascendió los límites de la comunidad judía: otras personas compartieron el trágico destino de la victimización.

El ex ministro húngaro de Asuntos Gitanos, László Teleki, aplica el término *Holocausto* tanto al asesinato de judíos como de gitanos por parte de los nazis y sus aliados. En *The Columbia Guide to the Holocaust,* los historiadores estadounidenses Donald Niewyk y Francis Nicosia utilizan el término para referirse a judíos, gitanos y discapacitados.

El historiador estadounidense Dennis Reinhartz ha afirmado que los gitanos fueron las principales víctimas del genocidio en Croacia y Serbia durante la Segunda Guerra Mundial y por ello lo llama "el Holocausto de los Balcanes 1941-1945".

Número de víctimas

Amplitud de la definición, encuestas y estimaciones

No se conoce el número exacto de víctimas; se hacen varias estimaciones basadas en las pruebas disponibles. El número total depende principalmente de la definición de "el Holocausto" que se utilice.

Según Donald Niewyk y Francis Nicosia, el término suele definirse como el asesinato en masa de más de cinco millones de judíos europeos.

Sin embargo, también dicen que "no todo el mundo encuentra esta definición totalmente satisfactoria".

10

Según el historiador británico Martin Gilbert, el número total de víctimas es de algo menos de seis millones, aproximadamente el 78% de los 7,3 millones de judíos que había en la Europa ocupada en aquella época.

Timothy D. Snyder escribió que "el término Holocausto se utiliza a veces de dos maneras diferentes: para todos los programas de matanza alemanes durante la guerra o para cualquier forma de opresión de los judíos por el régimen nazi". Wichert ten Have y Maria van Haperen, del Instituto NIOD de Estudios sobre la Guerra, el Holocausto y el Genocidio, sostienen que el propósito del Holocausto fue "asesinar a los judíos europeos y destruir al pueblo judío como tal", pero añaden que "otros autores sostienen que

11

otros grupos perseguidos, como los gitanos, también deben ser considerados víctimas del Holocausto".

Las definiciones más amplias también incluyen a los dos o tres millones de prisioneros de guerra soviéticos que murieron como consecuencia de los malos tratos de las políticas racistas nazis, los dos millones de polacos de etnia no judía muertos por las condiciones de la ocupación nazi, entre 90.000 y 220.000 gitanos, 270.000 discapacitados mentales y físicos en el programa de eugenesia alemán, de 80.000 a 200.000 masones, de 20.000 a 25.000 eslovenos, de 5.000 a 15.000 homosexuales, de 2.500 a 5.000 testigos de Jehová y 7.000 republicanos españoles, lo que elevaría el número de muertos a unos 11 millones.

La definición más amplia incluiría también a seis millones de ciudadanos soviéticos que murieron a causa del hambre y las enfermedades relacionadas con la guerra, lo que elevaría el número de muertos a 17 millones. Un proyecto de investigación realizado entre 2000 y 2013 por el Museo Conmemorativo del Holocausto de Estados Unidos estimó que entre 15 y 20 millones de personas en toda Europa murieron o fueron confinadas en campos u otras condiciones.

También hay diferencias de opinión sobre la periodización. Microsoft Encarta sostiene que el Holocausto ocurrió desde la Machtergreifung del 30 de enero de 1933 hasta el día V del 8 de mayo de 1945 (rendición de Alemania), que se divide en dos períodos: de enero de 1933 a septiembre de 1939 (exclusión social de los judíos) y de septiembre de 1939 a mayo de 1945 (aniquilación total de los judíos).

Otros dicen que el Holocausto no comenzó hasta el otoño de 1941, cuando los nazis procedieron realmente a realizar el asesinato masivo de los judíos.

Víctimas judías

Las estimaciones más fiables sitúan el número total de judíos asesinados entre 5,1 millones y algo más de 6 millones.

Víctimas no judías del régimen nazi

13

Además de los judíos, también fueron asesinados, sistemáticamente o no, otros grupos como los homosexuales, los esperantistas, los gitanos, las personas "económicamente indignas", los rusos, los polacos étnicos, los discapacitados, los testigos de Jehová, los investigadores de la Biblia libre, los sindicalistas, los masones, los comunistas, los republicanos españoles, los serbios, los cuáqueros y las personas que se oponían a los nazis. El número total de no judíos asesinados se estima entre 5 y 11 millones de personas.

Antecedentes

La razón exacta por la que los nazis y sus aliados procedieron a asesinar en masa a judíos, homosexuales, gitanos y personas "económicamente indignas" como los discapacitados físicos y mentales, y cómo la población civil les siguió la corriente, es objeto de debate.

Esto fue argumentado, entre otros, por Daniel Goldhagen con su libro *Hitler's willing executioners*. Lo que está claro es que el feroz antisemitismo de Adolf Hitler fue el "motor" que hizo al nacionalsocialismo culpable de la limpieza étnica o del genocidio.

Un genocidio a tan gran escala sólo fue posible porque en algunas partes de Europa, especialmente en Alemania, se dieron varios factores simultáneos:

- La presencia o instalación estable de una dictadura sin control o separación disponible de los distintos poderes del Estado.
- Un antisemitismo latente y a veces virulento, geográficamente extendido y fuertemente arraigado en la cultura cristiana de Europa.

El período previo al Holocausto

Al final de la Primera Guerra Mundial, la economía del Imperio Alemán estaba agotada y el ejército estaba al borde del colapso. Finalmente, soldados y trabajadores desencadenan la Revolución de Noviembre, deponiendo al emperador y proclamando la República de Weimar. El gobierno provisional socialdemócrata concluyó primero un armisticio y finalmente el Tratado de Versalles con los Aliados.

Millones de alemanes se sintieron profundamente humillados por haber perdido la batalla. Para desviar la responsabilidad de la derrota, los dirigentes del ejército alemán inventaron la leyenda de Dolkstoot, según la cual el ejército alemán no había perdido la guerra en absoluto, sino que había sido traicionado por los marxistas.

Como Karl Marx era judío, Hitler creía que el marxismo era una conspiración judía y que, por tanto, la humillación de Alemania era culpa de los judíos. En *Mein Kampf* (1924), afirmó que la guerra no se habría perdido si los alemanes hubieran sometido a "doce o quince mil de esos mendigos hebreos a unos cuantos ataques de gas venenoso".

El antisemitismo y el antiziganismo siempre habían formado parte del programa del partido NSDAP, en el que las ideas de Hitler desempeñaban un papel cada vez más importante. Este antisemitismo se avivó aún más con la hiperinflación de posguerra de 1919-23 debido a la idea de que los judíos solían estar en el mundo de la banca y los negocios.

No sólo Hitler, sino también muchos dirigentes de su partido eran antisemitas. Julius Streicher encabezaba la lista con su periódico radical del partido, *Der Stürmer*: a veces sus ideas eran demasiado incluso para los nazis. Los nazis veían a los judíos como "bacilos" que "enfermaban" y "socavaban" la nación alemana.

Cuando Adolf Hitler llegó al poder en 1933, había ciertamente un antisemitismo latente en el país, que fue explotado por el NSDAP y las SA. Sin embargo, no era el mismo antisemitismo que el del NSDAP. El antisemitismo en Alemania era más bien de carácter económico y ciertamente no llegaba al extremo de querer exterminar o eliminar a los judíos. Muchos judíos se integraron en la sociedad alemana y, por tanto, dejaron de ser vistos como judíos.

El antisemitismo del NSDAP estaba influenciado principalmente por el antisemitismo de Austria y los Sudetes, que era mucho más radical. El propio Hitler había vivido durante años en Viena, donde los germanoparlantes se sentían amenazados por la creciente presencia de los no germanoparlantes y los judíos.

Aquí surgieron grupos que sostenían que había una "raza judía" que era inferior a la "raza germánica" y que "socavaba" esta raza y su pureza. Se trata del antisemitismo promovido por el NSDAP, que ya propugnaba soluciones más radicales en el siglo XIX.

Las leyes raciales de Nuremberg

El camino hacia el Holocausto/Shoa comenzó con el acoso de elementos radicales patrocinado por el gobierno y el partido. Este acoso incluía reprimendas, burlas, abusos y, en ocasiones, asesinatos. Cuando las cosas se volvieron demasiado excesivas, se hizo una "intervención" desde arriba, tras la cual el gobierno "apaciguó" a los radicales con medidas antisemitas para "evitar más violencia". Todo ello culminó en las "Leyes de Nuremberg" de 1935.

Esto incluía un paquete de medidas discriminatorias, así como normas que determinaban quién era y quién no era alemán o judío. Estas nuevas leyes privaban a los judíos de sus derechos civiles y prohibían los matrimonios entre judíos y no judíos. En los años 30, el partido nazi era muy popular y el antisemitismo era "tomado al pie de la letra", incluso por quienes no eran antisemitas.

Además, se suponía que la ideología se debilitaría con el tiempo ahora que gobernaba el NSDAP, lo que de hecho pareció ocurrir durante las Olimpiadas de 1936. Sin embargo, el NSDAP había detenido deliberadamente el acoso para mantener las apariencias durante los Juegos. Después de 1936, las medidas y el acoso continuaron de nuevo.

El 10 de noviembre de 1938 tuvo lugar la Reichskristallnacht, o Noche de los Cristales, tras el asesinato de Vom Rath. Miles de hombres de las SA vestidos de civil asaltaron hogares y tiendas judías, incendiaron sinagogas y golpearon a judíos.

Esto condujo a la exclusión de los judíos de la economía y a la imposición de una multa de mil millones de marcos a la comunidad judía, ya que, según el gobierno, los judíos fueron los instigadores. Las críticas extranjeras se atajaron diciendo que era una manifestación de la sana opinión popular, "Gesundes Volksempfinden".

La "solución"

Durante la década de 1930 y principios de la de 1940, los nazis realizaron amplias consultas y emplearon diversas estrategias para encontrar y lograr una "solución a la cuestión judía".

Éstas se dividen a grandes rasgos en asimilación, emigración, deportación y exterminio. Al igual que los otros tres, se consideró el exterminio, pero durante mucho tiempo se consideró indeseable o impracticable. Sólo cuando los demás planes fracasaron, ésta se convirtió en la *solución final (Endlösung)* en 1941.

Migración

En los años 1938-1941, se estaba trabajando en una solución en la que los judíos serían enviados a una zona determinada. Una opción era la Palestina británica; otra, Madagascar. Especialmente después de la victoria sobre Francia, muchos nazis se adherirían al plan de Madagascar, pero esto no era factible mientras durara la guerra. La marina británica controlaba el mar y los alemanes no se atrevían a presionar demasiado a los franceses para hacerles renunciar a su colonia.

La eventual ocupación de la isla por las tropas aliadas hizo que este plan desapareciera definitivamente de la agenda. Un paso más hacia el genocidio fue la idea de utilizar a los judíos como rehenes para mantener a Estados Unidos fuera de la guerra.

El ataque a la Unión Soviética abrió nuevas posibilidades para los filósofos nazis. Ahora podrían enviar a todos los judíos de la Gran Alemania y sus satélites a Siberia, donde los "incinerarían".

Después de todo, si lo tuvieran "demasiado fácil", los judíos podrían suponer una amenaza en un nuevo Estado judío.

Por lo tanto, según los nazis, era mejor que murieran. Los primeros campos para judíos surgieron en el este, pero tras la derrota en Moscú, parecía que la opción de deportar a los judíos a territorio soviético no era viable por el momento.

El Ha'avara-Abkommen (Ha'avara es hebreo para transferencia; Abkommen es alemán para acuerdo) es un acuerdo concluido el 25 de agosto de 1933, después de tres meses de negociaciones, entre la Agencia Judía, la

23

Vereinigung für Deutschland sionista y el Ministerio de Economía alemán. Este acuerdo estableció cómo los alemanes judíos que querían emigrar a Palestina podían llevarse parte de sus bienes.

Guetos

Mientras tanto, en la Polonia ocupada, las gobernaciones del este, como Wartheland y Danzig-Prusia Occidental, comenzaron a convertir sus gobernaciones en "Judenrein" (libres de judíos) deportando a los judíos al Gobierno General (el Estado Rump polaco iniciado por Alemania). Los nuevos gouwen fueron vistos como una oportunidad para crear una sociedad nazi ideal.

Esto incluía, naturalmente, la "eliminación" de los "elementos indeseables", incluidos los judíos. Se desarrolló una cierta competencia entre los líderes de los gremios para ver quién tenía el gremio más nazificado.

Esto creó guetos en las principales ciudades de Polonia: urbanizaciones demarcadas y superpobladas donde los judíos tenían que vivir en las condiciones más insalubres.

Asesinato

24

El exterminio o la exterminación se veían cada vez más como la mejor opción; además, deportar y encarcelar a los judíos costaba dinero y comida. Se consideraron diferentes formas. Disparar hasta la muerte "costaba demasiadas balas" y, además, era "mentalmente demasiado estresante" para los verdugos. También se consideró el uso de explosivos, pero esto provocó que se esparcieran partes del cuerpo por aquí y por allá, lo que también podría provocar enfermedades nerviosas entre el personal del campo. El gaseado fue visto como una solución.

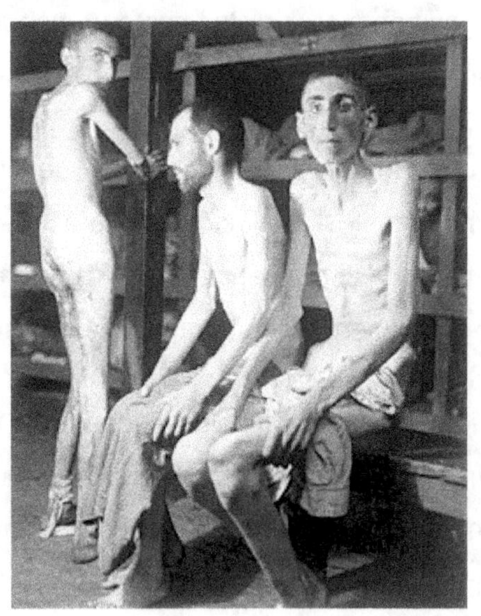

Al principio, esto se hacía todavía con monóxido de carbono. Se utilizaron *furgonetas de gas* especiales. A los judíos se les dijo que iban a ser "transportados" en un camión, y luego se introdujeron los gases de escape en el espacio de carga. La furgoneta se dirigió entonces a un cementerio colectivo.

A finales de agosto o principios de septiembre de 1941 se llevó a cabo en Auschwitz un primer ensayo con el insecticida Zyklon B. En un sótano del bloque 11, los prisioneros de guerra rusos fueron agrupados y expuestos al Zyklon B.

26

Al día siguiente se comprobó su eficacia, lo que demostró que una gran parte de los prisioneros seguían vivos. Posteriormente, aumentaron la dosis. Las SS hicieron que los prisioneros se deshicieran de los cuerpos y los quemaran en el crematorio.

Después de este primer experimento, se llevó a cabo un segundo gaseado con Zyklon B en un transporte de prisioneros de guerra rusos. El Zyklon B ya se utilizaba para la desgasificación, pero la extrema toxicidad del fármaco dio a Karl Fritzsch, comandante en funciones de Auschwitz, la idea de utilizarlo para gaseamiento de prisioneros.

Endlösung

Hitler tomó la decisión de destruir a los judíos europeos (la llamada *Endlösung der Judenfrage*, o *Solución Final del Problema Judío*) con toda probabilidad en septiembre de 1941. En la Conferencia de Wannsee, celebrada en enero de 1942 en una villa del lago de Wannsee, cerca de Berlín, se discutió la implementación logística de la decisión. Adolf Eichmann, una de las personas más conocidas del Holocausto, fue uno de los asistentes.

A partir de entonces, se podría hablar de un genocidio planificado de antemano y ejecutado sistemáticamente, en la medida en que no estuviera ya en marcha.

Por cierto, un genocidio sistemático ya estaba en marcha antes: la acción de los tristemente célebres *Einsatzgruppen, que* inmediatamente después del avance de la Wehrmacht en el Frente Oriental acorralaron a todos los judíos y comunistas y los asesinaron en ejecuciones masivas. Se organizó por orden de Berlín y comenzó ya en julio de 1941, cuando Hitler invadió la Unión Soviética.

Campos de exterminio, concentración y tránsito

Campos de exterminio

Se crearon campos de exterminio para la *Solución Final*. Estos campos estaban destinados a la matanza deliberada y sistemática. Un campo de exterminio es un campo donde la mayoría de los prisioneros eran gaseados inmediatamente después de su llegada. De todas formas, este destino se lo llevaban los enfermos, los ancianos y los niños. A los prisioneros que se mantenían con vida se les asignaban varias tareas con el objetivo de mantener el campo en funcionamiento.

Esos trabajos iban desde el trabajo duro hasta el servicio en las cocinas, por ejemplo. Finalmente, estos prisioneros también serían gaseados.

Estos campos se encontraban en el este del Reich (en la actual Polonia) y, en consecuencia, también fueron liberados por el Ejército Rojo.Un total de siete campos recibieron la función de campos de exterminio, seis de ellos en Polonia y uno en Bielorrusia. Estos siete campos eran:

- Chełmno

- Bełżec

- Treblinka II

- Sobibór

- Maly Trostenets

- Majdanek, también campo de concentración

- Auschwitz II (Auschwitz-Birkenau)

Campos de concentración

Además de los campos de exterminio, los nazis tenían un gran número de campos de concentración, como Dachau

(cerca de Múnich) y Buchenwald (cerca de Weimar). Un campo de concentración no es lo mismo que un campo de exterminio.

Como su nombre indica, un campo de concentración es un campo de trabajo donde se concentraban los prisioneros. La mayoría de las muertes se debían al trabajo duro, la desnutrición, las enfermedades y los malos tratos. Estos campos de trabajo pueden compararse, por ejemplo, con los llamados "gulags" de la Siberia soviética. En la década de 1940, muchos campos de concentración también estaban equipados con cámaras de gas, tras lo cual los prisioneros también eran gaseados allí.

Campamentos de tránsito

Además de los campos de concentración y exterminio, también existían los llamados campos de tránsito. Eran campos creados para reunir a las personas y luego transportarlas semanalmente en trenes especiales a los campos de exterminio. Westerbork es un ejemplo de campo de tránsito en los Países Bajos.

33

En Bélgica, se utilizó para ello el antiguo Kazerne Dossin existente en Malinas. Alrededor de 65 mil judíos fueron retenidos en el campo francés de Drancy, al norte de París, durante la Segunda Guerra Mundial, antes de ser transportados al campo de exterminio de Auschwitz. Theresienstadt era también un campo de tránsito .

Marchas de la muerte

Durante el avance de las tropas soviéticas, los últimos campos que quedaban, principalmente en Polonia y la República Checa, se cerraron a partir de finales de 1944. A menudo, los nazis decidían no dejar a los prisioneros atrás, sino obligarlos a marchar hacia el oeste.

34

Los que eran demasiado débiles, demasiado viejos o demasiado jóvenes eran simplemente ejecutados. Las llamadas marchas de la muerte volvieron a cobrarse innumerables víctimas. Se estima que el número de muertos supera los 250.000.

Actitud ante la persecución de los judíos

En la Alemania nazi y en los territorios europeos ocupados por las potencias del Eje, la respuesta a la persecución de los judíos y otros grupos variaba en función de varios factores. En algunas regiones, especialmente en las que se formó una administración civil y en las que gobernaron las SS de carácter ideológico, la persecución se llevó a cabo con más vigor que en las zonas con un régimen militar, donde se le dio menos prioridad y la resistencia tuvo más sentido.

Los judíos también tenían más probabilidades de sobrevivir en países en los que muchos no judíos también intentaban esconderse, por ejemplo para evitar el reclutamiento en *los Einsatzgruppen, lo que* facilitaba el uso de una red ya existente. Allí donde los nazis encontraban resistencia activa o pasiva, la persecución de los judíos podía a veces ser parcialmente saboteada. Sin embargo, allí donde la población cooperó más activamente, un mayor porcentaje de judíos fue exterminado.

Resistencia judía

Los propios judíos se rebelaron varias veces. En 1943, el gueto de Varsovia se rebeló. En Auschwitz, en octubre de 1944, los prisioneros judíos volaron un crematorio con explosivos introducidos de contrabando. En octubre de 1943, hubo un levantamiento exitoso en Sobibór: 11 oficiales alemanes de las SS, incluido el subcomandante, fueron asesinados y unos 300 de los 600 prisioneros escaparon. Unos sesenta de ellos sobrevivieron a la guerra. La fuga hizo que los nazis cerraran el campo, probablemente por miedo a que se revelara. En los Países Bajos, bastantes judíos de tendencia política de izquierda (socialistas y comunistas) estaban en la resistencia. También suelen negarse a llevar la odiada estrella de David.

El 19 de abril de 1943, el mismo día en que también se sublevó el gueto de Varsovia, el 20º convoy de trenes fue atacado en Bélgica por tres jóvenes de la Resistencia. Este transporte de judíos había salido de Malinas con destino a Auschwitz. Armados con un revólver, una lámpara de tormenta y papel rojo, tres estudiantes (Georges Livschitz, Robert Maistriau y Jean Franklemon) del ateneo de Uccle forzaron la parada del tren en la línea ferroviaria Malinas-Levante, entre Boortmeerbeek y

Haacht. Este es un hecho único en la historia del Holocausto. En ningún lugar de Europa se llevó a cabo una operación de liberación en un transporte de judíos durante la Segunda Guerra Mundial.

Cuando se intentó perseguir a la pequeña comunidad judía de Dinamarca, se la protegió y finalmente se la trasladó a Suecia. Finlandia, aliada de Alemania por razones oportunistas, se negó a perseguir o extraditar a los judíos. Japón protegió a los pocos judíos que estaban en territorio japonés u ocupado. Cuando los alemanes quisieron que los judíos búlgaros llevaran estrellas, toda la población empezó a llevarlas con orgullo. Los intentos posteriores de los alemanes y los antisemitas búlgaros también fueron bloqueados.

Algunas personas conocidas que se opusieron activamente al Holocausto:

- Hans Calmeyer
- Giorgio Perlasca
- Witold Pilecki
- Oskar Schindler
- Chiune Sugihara

- Raoul Wallenberg

Hubo y hay muchas especulaciones sobre los motivos de quienes se resistieron activa o pasivamente. La simpatía sincera por los compañeros judíos y la indignación por el trato que reciben habrán desempeñado un papel, en mayor o menor medida, en la mayoría de los casos. Otros trataron de mantener su propio callejón limpio y no querían ser juzgados como criminales de guerra después de la guerra. Otros se aprovecharon de la situación y se enriquecieron con los refugiados.

Países Bajos

Más de cien mil judíos holandeses, alrededor del 75% de los judíos que vivían en los Países Bajos al comienzo de la ocupación, no sobrevivieron a la guerra. Este porcentaje es muy superior al de Bélgica (40%) y Francia (25%), por ejemplo.

En el debate social, se suele suponer que esto se debe principalmente a la indiferencia de los ciudadanos holandeses ante la suerte de sus compatriotas judíos, pero un estudio historiográfico de Pim Griffioen y Ron Zeller, *Persecución de los judíos en los Países Bajos, Francia y Bélgica, 1940-1945* (Ámsterdam: Boom, 2011) ha demostrado que se trata de un malentendido.

De hecho, hubo una compleja combinación de factores que hizo que esta tasa fuera tan alta en los Países Bajos. Un factor importante fue que durante los años de guerra los Países Bajos tenían una *Zivilverwaltung* (administración civil) y no una *Militärverwaltung* (administración militar) como en Bélgica y Francia. Como resultado, la administración civil estaba formada por SS de carácter ideológico que querían avanzar en el exterminio total de los judíos. Aunque la protesta pública fue mayor en los Países Bajos, sobre todo la huelga de febrero, también fue reprimida con mucha más dureza por las fuerzas de ocupación.

Los funcionarios holandeses también pusieron los registros de población a disposición de las fuerzas de ocupación. Los funcionarios del registro civil exactos incluso los catalogaron como "emigrados". Antes de que los nazis analizaran los registros de población, el entonces Ministerio del Interior holandés llevó a cabo una amplia investigación sobre el origen histórico de los apellidos holandeses.

Los apellidos de los judíos neerlandeses se incluyeron y explicaron en una sección aparte. Un resumen de esta investigación fue publicado en forma de libro por el funcionario investigador incluso durante la ocupación. El propio libro no da una indicación clara del motivo de la investigación.

Cinco mil gitanos de los Países Bajos murieron por los efectos de la persecución gitana.

41

Bélgica

Alrededor de veinticinco mil judíos belgas fueron víctimas, aproximadamente el 40% de todos los judíos del país. La mayoría de los judíos se habían trasladado recientemente a Bélgica/fled desde Europa del Este, debido al creciente antisemitismo en ese país; desconfiaban más del gobierno que en los Países Bajos.

A diferencia de los Países Bajos, no hubo un clamor público tan grande contra la persecución de los judíos, pero hubo una amplia red de escondidos mucho antes, ya que Bélgica tuvo que suministrar tropas para el *Arbeitseinsatz* (trabajos forzados en Alemania) ya en 1941, de los que también intentaron escapar los no judíos.

El número relativamente pequeño también se debió en parte a que Bélgica tenía una *Militärverwaltung* (administración militar) durante la ocupación alemana, que principalmente quería mantener el orden y la paz y consideraba la persecución de los judíos menos importante. Por ello, la protesta, ciertamente menos enérgica, también tuvo más efecto que en los Países Bajos. No fue hasta 1944 cuando la administración se transformó en una *Zivilverwaltung* (administración civil). El campo de tránsito, el cuartel de Dossin, donde se reunían los judíos antes de ser transportados a los campos de exterminio de Polonia, estaba situado en Malinas, a medio camino entre Amberes y Bruselas, donde vivía la mayoría de los judíos.

Luxemburgo

Luxemburgo estuvo inicialmente bajo ocupación militar, pero ésta fue sustituida en agosto de 1940 por una administración civil bajo el mando de Gustav Simon, una situación similar a la de los Países Bajos. La razón era ideológica; Luxemburgo era visto por los nazis como un territorio de etnia alemana que debía ser anexionado a Alemania.

De los 3.800 judíos que residían en Luxemburgo en 1940, 2.000 huyeron inmediatamente después de la invasión, quedando 1.800 judíos el 10 de mayo de 1940. Fueron objeto de prohibiciones laborales y de todo tipo de medidas antijudías.

Durante el primer año de ocupación, 619 judíos fueron expulsados del país por la Gestapo y deportados a España, pero como ese país tampoco los aceptaba, esto hizo que fueran arrastrados de un lugar a otro. Lo que les ocurrió no está claro, pero es muy probable que algunos de ellos hayan muerto a causa de las malas condiciones.

A partir de octubre de 1941, la política antisemita de Simon comenzó a hacerse más violenta con la destrucción de sinagogas y las deportaciones. Otros 683 judíos fueron deportados, de los cuales sólo 43 regresaron finalmente. El 17 de junio de 1943, Simon declaró que Luxemburgo era "judenrein".

Se calcula que 1.200 luxemburgueses judíos no sobrevivieron a la guerra.

Francia

En Francia, cerca del 25% de los judíos fueron deportados. El antisemitismo era más fuerte en Francia que en los Países Bajos; por tanto, hubo menos protestas públicas contra las persecuciones y el régimen de Vichy, que conservaba los poderes civiles en toda Francia, tomó todo tipo de medidas antijudías por iniciativa propia. Sin embargo, al igual que en Bélgica, los alemanes en la Francia ocupada tenían una administración militar que no daba prioridad a la persecución de los judíos, mientras que el sureste permanecía militarmente desocupado. El régimen de Vichy también se resistió cuando los nazis quisieron deportar a los judíos franceses nativos en marzo de 1943.

Los ocupantes militares cedieron a ello y, como resultado, durante meses no circularon trenes del Holocausto desde Francia hacia el este. Los judíos inmigrantes, en cambio, fueron entregados a los alemanes. Tras la ocupación de la parte no ocupada de Francia en noviembre de 1942 (Operación Antón), un gran número de judíos huyó a la zona ocupada por Italia, que, sin embargo, también se volvió insegura cuando los alemanes la tomaron en septiembre de 1943. Posteriormente, tanto los judíos franceses como los inmigrantes en Francia estuvieron expuestos a la persecución hasta que la autoridad alemana sobre Francia se derrumbó en el verano de 1944.

Rumanía

En Rumanía, la radicalmente antisemita Guardia de Hierro
formó un gobierno con el ejército en 1940. Este gobierno
se caracterizó por la violencia contra los judíos, a veces
mortal. Los disturbios fueron tan graves que el jefe del
ejército, el mariscal Ion Antonescu, expulsó a la Guardia
del gobierno en 1941. Rumanía se alió con Alemania, pero
la situación pareció mejorar para los judíos rumanos, y las
medidas antisemitas sólo se introdujeron muy
esporádicamente en Valaquia. Sin embargo, esta
moderación era evidente.

Antonescu sí quería eliminar a los judíos de la sociedad
rumana, pero se oponía a los violentos saqueos de la
Guardia de Hierro que perturbaban el país. Para ello,
colaboró con Adolf Eichmann, entre otros. Aunque
Antonescu detuvo en ocasiones los transportes alemanes,
también permitió que cientos de miles de judíos fueran
enviados a campos de concentración.

Además, especialmente en la empobrecida Moldavia, la
población cooperó con entusiasmo en la persecución de
los judíos.

Hungría

El Holocausto en Hungría se desarrolló en cuatro fases: discriminación leve (1920-1938), discriminación fuerte (1938-1941), violencia y trabajos forzados (1941-1944), exterminio activo (1944-1945). Hungría se había reducido drásticamente tras la Primera Guerra Mundial, dejando a la mayoría de las poblaciones "étnicas" no húngaras fuera de sus fronteras. Esto convirtió a los judíos dentro de las nuevas fronteras en la mayor minoría, con un 5% de la población en 1920.

Formaban una minoría de gran éxito económico: el 60% de los médicos, el 51% de los abogados, el 39% de los ingenieros y químicos que no trabajan para el gobierno, el 34% de los editores y periodistas y el 29% de los artistas se identificaban con el judaísmo en términos de religión. Esto provocó la envidia del resto de la población, y el regente del Reich, Horthy, se declaró abiertamente antisemita y les culpó de las divisiones territoriales de Hungría tras la Primera Guerra Mundial.

Otro factor fue que figuras prominentes de la República Raden húngara, como Bela Kun, eran de origen (parcialmente) judío.

En la década de 1920 ya se habían introducido medidas antisemitas, entre ellas un numerus clausus para los judíos en los cursos universitarios: en adelante, sólo se permitía que el 5% de todos los estudiantes fueran judíos, de acuerdo con su porcentaje de población.

Horthy se enfrentó a la presión de una oposición cada vez más antisemita de la Cruz Flechada y de los partidos nazis más pequeños en la década de 1930. Para quitar el viento de las velas de estos grupos, Horthy comenzó a aplicar políticas antijudías más represivas. En 1938 le siguió una legislación antijudía basada en las leyes raciales de Núremberg. La primera ley antijudía (1938) fijó porcentajes máximos para los judíos en determinados grupos profesionales. La segunda ley antijudía (1939) estipulaba que las personas con dos o más abuelos judíos eran consideradas judías, endurecía los porcentajes máximos, las excluía totalmente del periodismo y del gobierno y les negaba su derecho al voto (ya muy restringido). La tercera ley antijudía de 1941 prohibía los matrimonios y el contacto sexual de los judíos con los no judíos.

Cuando Hungría se convirtió en un participante activo en la guerra en 1941, se produjeron actos de violencia manifiestos en los territorios ocupados. Además de otras minorías étnicas, los judíos en particular se convirtieron en víctimas habituales de esto. Los judíos húngaros fueron obligados a trabajar en la construcción y reparación de infraestructuras tanto en la propia Hungría como en la Unión Soviética. Unos 42.000 judíos no sobrevivieron debido a las malas condiciones y al asesinato deliberado por parte de sus guardias húngaros.

Cuando Horthy intentó rendirse a los aliados en 1944, el país fue ocupado por los alemanes, que le obligaron a participar en la deportación de los judíos húngaros.

Estas se pusieron en marcha en marzo de 1944, y sólo entre el 15 de mayo y el 30 de junio de 1944 fueron deportados a los campos de exterminio 400.000 judíos. Finalmente, Horthy se vio obligado a nombrar primer ministro a Ferenc Szálasi, líder del movimiento fascista Cruz Flechada, tras lo cual fue obligado a dimitir y encarcelado. Szálasi, mientras las tropas soviéticas invadían el este del país y asediaban Budapest, en colaboración con Adolf Eichmann, envió a unos 80.000 judíos más a los campos de exterminio en estos últimos meses de la guerra, donde murieron casi todos. Además, 15.000 judíos junto con comunistas y otros opositores fueron asesinados directamente en el lugar por los Cruzados de la Flecha.

Finalmente, según diversas estimaciones, entre 80.000 y 255.000 de los 861.000 judíos de Hungría y los territorios ocupados por los servicios sobrevivirían a la guerra. Esto hizo que Hungría tuviera una de las tasas de supervivencia más bajas de Europa.

Estados bálticos

En los países bálticos, la población se vengó del apoyo de muchos judíos a los ocupantes rusos, y por tanto comunistas.

Además, tanto en Rumanía como en los países bálticos, la gente era consciente del gran número de miembros judíos de los partidos comunistas.

Unión Soviética

Aunque el antisemitismo era frecuente en la Unión Soviética, los judíos no eran discriminados legalmente, ya que no se ajustaba al ideal bolchevique de igualdad. Se calcula que había unos 4 millones de judíos viviendo en las zonas occidentales de la Unión Soviética que acabarían siendo ocupadas por Alemania y los aliados de servicio, la antigua región del Polo.

Cerca de 3 millones de judíos pudieron huir a tiempo hacia el este. El millón restante fue expuesto a masacres orquestadas por los llamados Einsatzgruppen. Una parte de la población estaba a favor de los ocupantes alemanes y apoyaba estas acciones o participaba activamente en ellas. Por otro lado, también hubo muchos que ayudaron a los judíos.

Algunos de los judíos fueron víctimas de masacres como las de Babi Yar, mientras que otros fueron enviados a los campos de exterminio. Muchos judíos se unieron a los partisanos y sabotearon las actividades y medidas de guerra y ocupación alemanas contra sus compatriotas judíos. Las estimaciones sobre el número de judíos asesinados en la Unión Soviética siguen siendo poco claras y varían mucho; se cree que al menos 700.000 judíos soviéticos perdieron la vida.

Dinamarca

En Dinamarca, la resistencia a la deportación de judíos fue más fuerte. Tras conocerse en septiembre de 1943 que se estaba preparando la deportación de la población judía en Dinamarca, se produjo espontáneamente una operación de rescate a gran escala en la que participaron todos los sectores de la población. Se produjo una gran alarma a través de sinagogas, médicos, pastores y estudiantes que volvieron a informar a los judíos.

Los judíos fueron recogidos y transportados a las costas danesas con todo lo que tenía ruedas. Los judíos fueron llevados por pescadores en botes a través del estrecho hasta la neutral Suecia, con la que los daneses ya habían acordado acoger a los judíos daneses. Antes de la guerra, la comunidad judía danesa estaba formada por 8.200 personas, de las cuales más del 95% sobrevivieron a los nazis. Después de la guerra, los judíos daneses regresaron a su patria y encontraron sus casas y propiedades exactamente como las habían dejado.

Croacia

En Croacia, los judíos fueron perseguidos muy violentamente por el régimen radicalmente antisemita de la ustaša. Sin embargo, muchos pudieron escapar en los dos primeros meses de ocupación, ya que los croatas se centraron primero en exterminar y asimilar a los serbios, de los que desaparecieron más de medio millón.

Muchos judíos huyeron a los territorios ocupados por Italia, ya que las autoridades italianas no aplicaron las medidas antisemitas de Mussolini o lo hicieron a medias. Sin embargo, los judíos que se quedaron fueron presa de la violencia croata, tras lo cual fueron enviados a campos con eficacia alemana. Cuando Italia capituló en 1943, Croacia seguía ocupando estas zonas y los judíos que no pudieron huir a tiempo siguieron siendo deportados.

Italia

En Italia, la mayoría de los comandantes del ejército y los oficiales de policía se negaron a procesar a los judíos. La mayoría de las bajas se produjeron después de la rendición italiana, el 8 de septiembre de 1943. De los casi sesenta mil judíos italianos que había antes de la guerra, casi ocho mil perdieron la vida, la mayoría en el campo de concentración de Auschwitz.

Albania

Albania es el único país en el que han vivido más judíos después de la Segunda Guerra Mundial que antes. El país formó una unión personal con Italia, que, aunque discriminaba a los judíos, se mostraba tibia en su persecución. El gobierno albanés se negó a entregar los nombres de la población judía a los ocupantes alemanes, y los refugiados judíos de Austria y los países balcánicos fueron acogidos con hospitalidad.

Bulgaria

Bulgaria se alió con Alemania por razones oportunistas, y ciertamente allí también había un caldo de cultivo antisemita. Al principio, los búlgaros no se mostraron reacios a acoger a los alemanes. La política antisemita comenzó con las incursiones en los territorios ocupados, durante las cuales se enviaron algunos miles de personas a campos de concentración. En la "vieja Bulgaria", los antisemitas y los alemanes intentaron que los judíos llevaran estrellas de David, como en el resto de Europa.

Esto fracasó porque toda la población empezó a llevar este orgullo. Un intento de deportar a varios centenares de judíos búlgaros a los campos de exterminio quedó varado cerca de la ciudad portuaria búlgara de Samovit: la población búlgara se manifestó en masa y el transporte fue cancelado. Finalmente, a partir de 1943, el rey bloqueó personalmente los intentos de deportar a los judíos, en parte porque reconocía que el Eje perdería la guerra.

Japón

Varios miles de judíos vivían en Japón y en los territorios ocupados por Japón. China ya contaba con una pequeña comunidad judía, a la que se sumaron comerciantes y refugiados ruso-judíos radicados en Manchuria. Aunque Japón era aliado de Alemania, seguía su propia agenda en Asia, en la que el antisemitismo no tenía cabida. De hecho, muchos funcionarios japoneses vieron oportunidades para desarrollar los territorios ocupados con la ayuda de los judíos y del capital judío. Algunos diplomáticos chinos y japoneses en Europa, como Chiune Sugihara, pudieron expedir visados de tránsito para los refugiados judíos hasta finales de 1940. Entre 1938 y finales de 1941, unos 20.000 refugiados judíos procedentes de Europa llegaron a la Shanghai ocupada.

A partir de 1942, Alemania incrementó la presión sobre Japón para que les entregara a los judíos presentes en Shanghái o tomara parte activa en el propio Holocausto. Al no estar dispuesto a cumplir, Japón desarrolló una política más represiva contra los judíos. En febrero de 1943, por ejemplo, decidió alojar a todos los judíos que habían llegado a la ciudad después de 1937 en lo que se convertiría en el gueto de Shanghai. Además, especialmente después de la invasión alemana de la Unión Soviética, se dio más espacio a las campañas antisemitas y antisoviéticas de los anticomunistas y fascistas rusos, tanto en Manchuria como en Shanghai. Muchos judíos de Manchuria se sintieron amenazados por este acoso y también acabaron en Shanghai, y por tanto en el gueto. Las condiciones de los refugiados judíos en el gueto eran malas. En el invierno de 1943 no había suficientes alimentos. El gueto fue liberado por las tropas de Chiang Kai-shek el 3 de septiembre de 1945. Tras la creación del Estado de Israel en 1948, casi todos los residentes abandonaron el gueto. Finalmente, unas 2.000 personas murieron en el gueto.

Escorrentía y consecuencias

Durante 1944 y 1945, todos los campos fueron liberados por las tropas aliadas. Los prisioneros fueron alimentados y recibieron atención médica, pero la gran mayoría no pudo ser devuelta inmediatamente a sus antiguos hogares debido a todo tipo de dificultades legales, logísticas y de infraestructura.

Miles de supervivientes permanecieron en campos de desplazados internos hasta 1947, hasta que fueron acogidos por un país o pudieron obtener un nuevo hogar y una nacionalidad por su cuenta.

Emigración

Muchos judíos ya no querían volver a las sociedades de las que habían sido desarraigados o expulsados y buscaron refugio en la Aliyah Bet: se alejaron de Europa hacia el territorio del Mandato Británico de Palestina, con la esperanza de establecer allí un Estado-nación para ellos.

Sin embargo, esto pronto provocó conflictos con la población árabe-musulmana de Palestina. La Resolución 181 de la ONU preveía una solución de dos Estados y en la guerra de 1948, el recién creado Estado judío de Israel consiguió hacerse con más territorio del que le correspondía. Aunque esto había hecho realidad una tierra para los judíos, también había creado el conflicto árabe-israelí.

Prueba

Los Aliados decidieron juzgar conjuntamente a los principales dirigentes del régimen nazi en los juicios de Nuremberg y en varios otros juicios (de septiembre de 1945 a diciembre de 1949). *En el* juicio de Nuremberg (del 20 de noviembre de 1945 al 1 de octubre de 1946) se acusó a 24 dirigentes del NSDAP. Para ello, se elaboraron los principios de Núremberg, necesarios para establecer que el derecho internacional tenía prioridad sobre el derecho nacional, porque mucho de lo que habían hecho los nazis era legal según el derecho alemán de la época.

Aunque algo fuera legal o no punible según la legislación nacional, se reconocía la existencia de principios fundamentales "superiores" que había que respetar. También se señaló que el argumento de que "sólo cumplía

65

órdenes" ("Befehl ist Befehl") no exime a alguien de la responsabilidad de un delito, incluso cuando la orden procedía de una autoridad (en ese momento) competente y reconocida.

Propiedad judía

De los que regresaron de los campos, muchos encontraron sus casas ocupadas y sus propiedades despojadas.

Pero son pocos los que consiguen recuperar su propiedad y sólo después de muchos años de litigios. El gobierno

alemán realizó pagos al Estado de Israel a través del
programa Wiedergutmachung.

Impacto en el derecho internacional

El Holocausto también tuvo importantes consecuencias en
el derecho internacional. En el nuevo órgano político
consultivo mundial, las Naciones Unidas, se llegó a un
consenso para que un crimen contra la humanidad de este
tipo no vuelva a quedar impune.

El 9 de diciembre de 1948, la ONU adoptó la Convención
sobre el Genocidio: todos los países firmantes se
comprometieron así a intervenir militarmente para poner
fin a un genocidio o prevenirlo.

La Cuarta Convención de Ginebra de 1949 estableció con
más detalle los derechos de los civiles y los soldados en
los conflictos y el deber de las partes beligerantes de
respetar ciertas normas, que la comunidad internacional
haría cumplir.

Discusiones de posguerra

Después de la guerra, muchos aspectos del Holocausto han sido objeto de un gran debate académico y público sobre cuestiones como por qué y cómo ocurrió exactamente y qué conclusiones deben extraerse.

Conocimiento contemporáneo del Holocausto

Una de las grandes controversias es sobre qué parte de la población alemana en particular conocía los campos de concentración y lo que allí ocurría ya durante la guerra y en qué medida.

Cuando el alcance del Holocausto salió gradualmente a la luz después de la guerra, se dice que algunos alemanes dijeron que no lo sabían (*Wir haben es nicht gewußt*, "No lo sabíamos"), aunque ellos mismos habían participado directa o indirectamente en él.

Pregunta sobre la culpa

Estrechamente vinculada a la cuestión de quién sabía qué sobre el Holocausto está la cuestión de a quién se debe culpar exactamente (y por tanto castigar) por ello. Según la *Kollektivschuldthesis* (introducida por el psicoanalista suizo Carl Gustav Jung), todo el pueblo alemán era culpable, independientemente de que conociera los entresijos de la persecución sistemática de los judíos y de otras personas, y mucho menos que colaborara en ella. Otros creen que sólo son culpables los que lo sabían y habían colaborado conscientemente. También está la cuestión de hasta qué punto "Befehl ist befehl" puede eximir a alguien de responsabilidad. En varios juicios de posguerra, los Aliados decidieron finalmente juzgar sólo a la cúpula absoluta del régimen nazi.

Durante el juicio penal celebrado en Jerusalén contra Adolf Eichmann, uno de los principales organizadores del

Holocausto, a la escritora judía estadounidense Hannah Arendt le llamó la atención el hecho de que Eichmann no apareciera como un monstruo espantoso, sino como una persona insignificante, que sin embargo parecía haber sido capaz de idear los métodos por los que se podía matar a muchos millones de judíos.

La tesis de Arendt sobre la "banalidad del mal" es que el mal es algo banal, algo que la gente a menudo se encoge de hombros sin pensar en lo inmoral que está haciendo en realidad.

Gestión de siniestros

Después de la guerra, las autoridades de Alemania Occidental desarrollaron planes de indemnización para compensar a las víctimas del Holocausto y a sus familiares por sus pérdidas. Quién era exactamente elegible, y de qué manera, era objeto de debate. En la República Democrática Alemana no existió ningún régimen hasta 1966.

El politólogo judío-estadounidense Norman Finkelstein, hijo de supervivientes del Holocausto, escribió en 2000 el libro *The Holocaust Industry (La industria del Holocausto)*, en el que denuncia las prácticas destinadas a abusar de estos sistemas de indemnización.

Según él, hay muchas personas que afirman falsamente ser víctimas o supervivientes, o que exageran su sufrimiento para obtener beneficios económicos. Además, se dice que la culpa europea por el Holocausto se aprovecha injustamente para silenciar cualquier crítica a Israel o a la comunidad judía estadounidense. Los museos del Holocausto también intentan monopolizar el sufrimiento de los judíos y excluir a otros grupos de víctimas.

Bienes de los judíos

No fue hasta la década de los 90 que la cuestión de los bienes de guerra de los judíos entró en la agenda en los Países Bajos y en el extranjero. Se investigaron los bienes saqueados a los judíos durante la Segunda Guerra Mundial, las cuentas bancarias inactivas y las pólizas de seguro. En los Países Bajos se llegó a la conclusión de que el importe total implicado era de 346,7 millones de euros, pero que ya no se podía localizar a los beneficiarios individuales de estos fondos ni a sus familiares.

Estos llamados "fondos de maror", llamados así por el amargo maror, se distribuyeron a todos los judíos holandeses a través de una llave de distribución alrededor del año 2000 y se utilizaron en parte para fines sociales judíos.

Arte depredador

Las obras de arte y otros objetos de valor que los judíos que vivían en los Países Bajos tuvieron que entregar al

72

banco Liro por orden de los nazis acabaron en varios museos después de la guerra, y en un caso incluso en la casa real.

Hasta 2015, solo un puñado de estas obras fueron devueltas a sus herederos legales. En ocasiones, el municipio había comprado obras a un miembro del INN. Sólo 70 años después de la guerra se comprendió que los municipios y los propios museos deberían haber investigado activamente la procedencia de las obras adquiridas en esa época.

Otra cuestión que se está tratando en el siglo XXI es la de los aproximadamente 1.200 cuadros que poseía el marchante de arte judío Jacques Goudstikker, que se vio obligado a vender a Hermann Göring bajo coacción. Sólo en 2006, el gobierno holandés decidió, por "motivos morales", devolver 202 obras a la heredera de Goudstikker, que murió mientras huía de Holanda en 1940.

En 2015, sin embargo, la última heredera de Goudstikker sigue litigando para recuperar las obras, que han acabado en todo tipo de museos dentro y fuera de Holanda.

73

Negación del Holocausto

Algunos grupos niegan que el Holocausto haya tenido lugar. A estos negadores del Holocausto también se les llama negacionistas.

Algunos negacionistas afirman que el número de víctimas judías tradicionalmente citado es incorrecto. Dicen que murieron mucho menos de seis millones de judíos y que la mayoría de las víctimas se debieron al hambre y al brote de enfermedades como el tifus y el cólera.

También se afirma que las cámaras de gas (tanto móviles como fijas) sólo se utilizaban con fines de desinfección.

Negar, trivializar o condonar el Holocausto está prohibido y castigado en Alemania, Bélgica, Francia, Australia, Canadá, Suiza, Polonia, Hungría e Israel, entre otros.

En cambio, Irán celebró una conferencia sobre la negación del Holocausto los días 11 y 12 de diciembre de 2006.

El entonces presidente Mahmud Ahmadineyad había hecho varios comentarios sobre el Holocausto que fueron condenados en otros países. También participaron en la conferencia intelectuales judíos.

Historikerstreit

En 1986, hubo un intenso debate entre los historiadores alemanes sobre cómo situar el Holocausto en un contexto histórico más amplio. Ernst Nolte creía que el Archipiélago Gulag y los asesinatos en masa cometidos por la Unión Soviética eran tan malos como el Holocausto y que el pueblo alemán no tenía que sentirse especialmente culpable por lo ocurrido.

Jürgen Habermas se mostró muy en desacuerdo y reprochó a Nolte que intentara trivializar el horror del Holocausto.

Archivos

Los propios alemanes guardaron archivos de las víctimas del Holocausto. Los archivos alemanes son especialmente detallados porque los nazis mantenían registros precisos de toda la información. Muchas pruebas de archivo y de otro tipo fueron destruidas por la Operación Sonderaktion 1005.

75

En ello se basa, entre otras cosas, la encuesta holandesa *In Memoriam* con los nombres de 100 mil judíos asesinados. Además, los nombres de las víctimas judías están incluidos en el Monumento Judío.

La ciudad alemana de Bad Arolsen, en Hesse, alberga el enorme archivo (unos 47 millones de objetos, unas 6 casas llenas de papel). Este archivo contiene información sobre 17,5 millones de personas y llena más de 27 kilómetros de estanterías. Consta de listas, inventarios, descripciones de personas, informes de experimentos médicos, reglamentos, etc.

En particular, toda la burocracia del terror que los ordenados nazis mantenían para su maquinaria de trabajos forzados, deportación y exterminio. Allí se encuentran los archivos completos de los campos de concentración de Buchenwald y Dachau. La asombrosa escala de la guerra y la máquina de matar alemana impulsada por el servicio civil se hace evidente allí.

El "Servicio de Búsqueda Internacional", una rama de la Cruz Roja, gestiona los archivos. Este servicio se creó después de la guerra para localizar a personas desaparecidas. Lo utilizaban sobre todo los supervivientes que necesitaban pruebas para obtener prestaciones. Además, los archivos se mantuvieron cerrados por razones de privacidad, incluso para los investigadores, ya que los documentos contenían información sensible sobre las personas, como las creencias políticas de cada uno, sobre los colaboradores judíos y cómo se les inducía a hacerlo, quién tenía piojos, qué experimentos médicos se llevaban a cabo, la naturaleza de la discapacidad mental, quién era acusado de homosexualidad, incesto o pedofilia.

También existía el temor alemán a las acciones legales si se divulgaba esa información. La posibilidad de emprender acciones legales ya ha expirado.

Cuando los historiadores consultan el archivo no se esperan noticias fundamentales que ajusten la historia del Holocausto. Los investigadores esperan encontrar más detalles para reconstruir la historia del horror.

El 24 de abril de 2007, el Parlamento belga ratificó el Protocolo que da acceso a científicos e investigadores a los archivos de la deportación de la Segunda Guerra Mundial en Bad Arolsen, Alemania. La apertura de los archivos se decidió tras las negociaciones entre los Estados miembros de la Comisión Internacional del Servicio de Investigación Internacional. Bélgica, junto con los Países Bajos, Luxemburgo, Alemania, Francia, Gran Bretaña, Italia, Israel, Estados Unidos de América, Grecia y Polonia forman parte de esta Comisión Internacional.

El archivo se abrió a los investigadores y al público en general a finales de noviembre de 2007.

El 7 de octubre de 2013, el Instituto Fritz Bauer de Fráncfort puso a disposición del público, en formato digital, las declaraciones de los testigos del primer juicio de Auschwitz celebrado en Fráncfort (1963-1965).